HISTOIRE

DU

BANQUET RÉFORMISTE

DU 12e ARRONDISSEMENT,

DEPUIS SA FONDATION

LE 5 DÉCEMBRE 1847 JUSQU'AU 24 FÉVRIER 1848,

PAR

ROINVILLE,

EX-COMMISSAIRE-CAISSIER DU BANQUET.

A PARIS,

RUE DE LA MONTAGNE-SAINTE-GENEVIÈVE, 29.

1848

Paris. — Typographie Plon frères, rue de Vaugirard, 36.

L'acte d'accusation des derniers ministres de Louis-Philippe ayant nécessité une instruction, dans laquelle j'ai été interrogé par la chambre d'accusation, à l'occasion de la part que j'ai prise dans le banquet réformiste du douzième arrondissement comme fondateur et caissier du banquet,

J'ai cru devoir publier l'histoire du banquet depuis le 5 décembre 1847 au 24 février 1848. Le banquet réformiste du douzième arrondissement a été fondé par MM. Cailloux, chef de bataillon; Vayron, capitaine au 1er bataillon, et Roinville, capitaine au 3e bataillon.

Déjà soixante-dix banquets avaient eu lieu dans diverses grandes villes de France, non compris le banquet de Lisieux.

Le banquet du Château-Rouge a été le premier banquet annoncé comme réformiste; le dernier était, au moment où nous avons fondé celui du douzième arrondissement, le banquet de Saint-Denis. L'idée de fonder des banquets ne nous appartenait donc pas; le banquet du Château-Rouge ne fut qu'un banquet d'opposition dynastique, où quelques démocrates, suivant le *National*, vinrent s'asseoir. Les démocrates radicaux refusèrent d'y prendre part, le but caché du banquet étant plutôt le changement de ministère que des réformes. Les fondateurs du banquet du douzième arrondissement, démocrates connus du dernier gouvernement par une opposition permanente, avaient subi de nombreuses condamnations politiques à l'occasion de la grande démonstration de la réforme électorale; la dernière fois ayant signé et fait signer contre l'armement des forts, une ordonnance royale les suspendit indéfiniment jusqu'aux élections générales.

On se rappelle que la 12e légion avait eu plus d'officiers suspendus par jugement préfectoral que toutes les autres légions réunies; les éléments démocratiques étant plus nombreux, liés par un intérêt commun et politique, on comprendra facilement leur union et les motifs qui leur faisaient désirer des réformes. La 12e légion devait donc contribuer la première à une révolution.

Le 5 décembre 1847, MM. Cailloux, Vayron et Roinville causaient ensemble du banquet de Saint-Denis, qui devait avoir lieu le 8, puis remis au 14 du courant. Ce banquet approchait trop de Paris, où même on avait eu l'idée de le faire sans les tracasseries de la police, pour que nous n'eussions pas l'idée d'en faire un aussi ; du reste, pour être véridique, nous dirons que, tout démocrate que nous sommes, il ne nous était pas venu dans l'idée que, si nous faisions un banquet, ce banquet amènerait la république ; nous voulions des réformes larges dans l'intérêt général ; la nation était pour nous, avec nous. Le pouvoir résista, tant pis pour lui ; tôt ou tard il devait se briser pour avoir refusé des réformes justes et nécessaires. Telle était la pensée qui nous a guidés lors de la fondation du banquet. Il fut donc décidé le 5 décembre que le jeudi, 9 du courant, nous aurions une première réunion pour consulter nos amis politiques des quatre bataillons de la légion ; car il faut bien que l'on sache que tous ceux qui ont pris part à la fondation ou à la direction du banquet étaient tous des gardes nationaux plus ou moins gradés.

Pour fonder une association, il ne suffit pas d'en avoir l'idée, le bon vouloir ; il faut du zèle, du discernement dans le choix des fondateurs, ou l'idée première se trouve au début changé ou avorté ; c'est ce qui a manqué de nous arriver malgré nos précautions dans le choix des citoyens que nous désirions nous adjoindre. Nos lois alors nous interdisaient de faire un banquet républicain, puisqu'en prenant le nom de banquet réformiste, on ne voulut pas nous tolérer ; mais, forts de notre droit, les précédents et les divers arrêts rendus par la Cour de cassation, nous décidâmes que le banquet serait banquet réformiste; que tous les citoyens, à quelque opinion qu'ils appartinssent, pourraient faire partie du banquet, s'ils étaient comme nous persuadés que la concussion, la corruption et la dilapidation, qui étaient à l'ordre du jour dans le gouvernement, demandaient de justes réformes.

Il fut convenu entre nous que les citoyens Cailloux et Vayron convoqueraient leurs nombreux amis du 1er bataillon; je me chargeai du 2e, du 3e et du 4e bataillon.

La première réunion eut lieu sous ma présidence, le 9 décembre, dans un local qui m'appartient, rue du Plâtre-Saint-Jacques, n° 19. Le nombre des présents était d'environ trente, qui, pour la plupart, furent tous élus commissaires du banquet, et dont nous donnerons les noms et qualités plus loin. Il fut décidé qu'un banquet réformiste était nécessaire; que, dans l'état où étaient les esprits, un banquet à Paris produirait sur le pouvoir et les chambres une impression favorable à l'esprit des réformes; que ce banquet pourrait en enfanter douze, un dans chaque arrondissement; qu'il faudrait que le gouvernement cède, ou fasse de la violence ou un coup d'État, et alors les suites pourraient bien ne pas lui être avantageuses. Nous nous séparâmes en chargeant chacun de nous d'amener à la prochaine réunion, fixée au lundi, 13 du courant, le plus de citoyens qu'il pourrait.

Le 13 décembre, présidence du citoyen Roinville, réunion plus nombreuse; environ 60 membres, composés de 40 républicains, 16 opposants dynastiques et 4 légitimistes avoués. De tels éléments devaient s'entrechoquer: les républicains étaient plus ou moins révolutionnaires, les opposants dynastiques tremblaient de se voir dans cette réunion; les questions les plus dangereuses étaient agitées; les légitimistes, dans un but facile à comprendre, étaient plus révolutionnaires que les républicains les plus exaltés: aussi on les trouva tous d'accord, comme nous l'avions prévu, jusqu'à la fin: ils espéraient que, si une révolution avait lieu, elle serait à leur profit; que leur cher Henri V aurait des chances certaines, ayant, disaient-ils, pour eux les richesses territoriales et de nombreuses capacités; à cela nous leur opposions les hommes de notre opinion, dont les capacités ne sont ni moins renommées, ni moins nombreuses, et de plus la force irrésistible des masses. Nous ne nous étions pas trompés; les républicains exaltés voulaient un banquet où, en guise de fourchette et de cuiller, on aurait pris un fusil et un sabre; les légitimistes en auraient pris le double, si cela eût été possible; la majorité décida que le banquet serait réformiste dans la légalité voulue par les lois, c'est ce qui sauva la France en conduisant le banquet au résultat qu'il a obtenu. Tout moyen extrême de violence aurait servi merveilleusement le pouvoir, qui désirait une occasion de sévir pour se fortifier. Si on eût fait quelque démonstration extra-légale, qui peut dire quand nous aurions renversé le despotisme et la royauté? Une chose extraordinaire et providentielle, comme on aura l'occasion de le remarquer par la suite, c'est que tout ce qui a été fait de bien ou de mal dans la direction, discussion ou administration du banquet, tout a servi à merveille pour faire la révolution de Février. La séance du 13 fut terminée par l'annonce d'une nouvelle réunion pour le jeudi 16 courant.

Séance du 16, *présidence du citoyen Roinville.* — Le banquet de Saint-Denis était accompli; il avait doublé notre ardeur; l'ordre du jour était la nomination des commissaires chargés d'organiser le banquet : fixation du prix à payer pour chaque convive.

A l'ouverture de la séance, les débats s'engagent sur le prix : les plus riches voulaient 5 fr. par tête, les plus pauvres 2 fr., la majorité fixe à 3 fr.

On procède à la nomination des commissaires par assis et levé. Sont nommés : les citoyens Cailliat, capitaine; Augié, capitaine; Barbet, chef de bataillon; Boquet, chasseur; Bailly, capitaine; Cailloux, chef de bataillon; Courtais, lieutenant; Chazelet, capitaine; Collette, capitaine; Drouot, capitaine, Dheurle, chef de bataillon; Delestre, membre du conseil municipal; Détalle, capitaine; Duménil, grenadier; Gobert, capitaine; Hellitasse, sergent-major; Henequin, capitaine; Jilet, lieutenant; Leperre, fourrier; Mary, ex-chirurgien-major; Ravinet, capitaine; Roinville, capitaine; Vayron, capitaine.

Plus tard la commission s'adjoignit six nouveaux commissaires : les citoyens Biron-Vilarseaux, chef de bataillon; Amiot fils, lieutenant; Davignon, délégué; Philippe, adjudant-sous-officier; Berthaut, lieutenant; Crin, lieutenant; Jilet, lieutenant.

Séance du 18 décembre. — La Commission du banquet fixa le lieu de ses séances à venir chez le citoyen Delestre, membre du Conseil général de la Seine.

A l'ouverture de la séance, la présidence est offerte au citoyen Barbet qui l'accepte. On procède ensuite à la nomination d'une Commission d'exécution composée de quatre membres : Roinville, caissier; Boquet, secrétaire; Gobert, Courtais, Détalle, adjoints. Cette Commission fut chargée de chercher un local pour le banquet; la police avait déclaré dans plusieurs circonstances qu'aucun banquet n'aurait lieu dans un endroit public. Déjà il était facile de voir que le gouvernement était résolu à empêcher toute manifestation politique. Les imprimeurs, compositeurs et patrons de l'imprimerie avaient depuis plusieurs années l'habitude de faire un banquet fraternel, le gouvernement venait de l'interdire, sous le prétexte que tout banquet ne devait avoir lieu que dans un lieu particulier. Un maître imprimeur ayant offert son domicile, la police s'y opposa ; il était donc certain que le gouvernement de Louis-Philippe ne voulait plus de banquet politique.

A l'occasion de l'interdiction du cours du citoyen Michelet et d'autres professeurs destitués brutalement pour avoir montré de l'indépendance, les écoles réunies à Paris voulurent faire un banquet pour féliciter les professeurs de leur destitution et de leur indépendance. La police les suivait pas à pas, et chaque fois qu'ils avaient trouvé un local propice pour leur banquet, le propriétaire recevait une sommation d'interdiction lui déclarant qu'il serait responsable des événements et collisions qui pourraient résulter si le banquet avait lieu dans sa propriété : aussi fut-il impossible aux écoles de faire leur banquet. Tel était l'état des choses lorsque la Commission d'exécution du banquet réformiste du 12e arrondissement fut chargée de trouver un local.

Les difficultés que la Commission des écoles avait rencontrées, nous les rencontrions chaque fois que nous trouvions un local. Le propriétaire exigeait de nous une permission que nous ne pouvions pas demander après ce qui venait de se passer pour les imprimeurs et les écoles. Il nous fallait donc trouver un propriétaire indépendant et de l'opposition ; deux de nos commissaires du 2e bataillon trouvèrent le local des Cordeliers, vaste établissement qui se trouvait à louer et vacant, pouvant contenir environ trois à quatre mille citoyens. Cette propriété appartient à une société, dont un membre, ancien député, appartient à l'opinion démocratique. Notre demande fut bien accueillie ; le local nous fut prêté sans aucune rétribution, sous la garantie de répondre de tous les dégâts qui pourraient se faire dans la propriété.

Sûre d'un local convenable, la Commission redoubla d'activité pour faire les invitations, nommer les président et vice-président.

Déjà, par les soins des commissaires, neuf cents cartes avaient été placées à des souscripteurs gardes nationaux et à des électeurs du 12e arrondissement. La Commission m'avait autorisé à donner cinquante cartes aux écoles réunies.

Le 19 décembre, sept membres de la Commission se transportèrent chez le citoyen Boissel, qui en avait été prévenu la veille, pour lui offrir la présidence du banquet, ce qu'il accepta avec plaisir, sur la promesse qui lui fut faite et sur l'honneur des commissaires présents, que ce banquet était réformiste, et non radical. Il nous déclara qu'il n'acceptait la présidence qu'à cette condition, qu'autrement il ne l'accepterait pas.

Nous nous transportâmes ensuite chez le lieutenant-colonel de la légion, qui déclina d'accepter cet honneur, dans la crainte de compromettre les épaulettes qu'il tenait de nous, mais qui avait besoin à l'élection prochaine de sanction royale.

Un marché avait été passé avec un décorateur pour orner la salle du banquet de trophées et de drapeaux français, étrangers, amis ou indépendants; il ne restait plus qu'à lui donner l'ordre d'exécuter ces travaux.

Frappé de l'idée que le gouvernement ne laisserait pas faire notre banquet, vu les difficultés suscitées aux imprimeurs et aux écoles, je témoignai mes craintes individuellement à plusieurs membres de la Commission, en leur faisant connaître que j'avais l'intention d'écrire au préfet de police pour lui faire connaître qu'un banquet réformiste aurait lieu dans le 12e arrondissement.

Par ce moyen, le pouvoir était mis en demeure de se prononcer ou pour une adhésion ou pour un refus.

Le motif qui me déterminait à faire cette démarche était dans l'intérêt des souscripteurs qui auraient eu le droit, si le jour où le banquet devait avoir lieu on nous eût interdit l'entrée, soit par sommation ou par la puissance des baïonnettes, de faire retomber sur moi la responsabilité pour n'avoir pas prévenu l'autorité.

Tels ont été, à tort ou à raison, les motifs qui m'ont fait écrire au préfet de police, le 24 décembre 1847, la lettre suivante :

« Monsieur le préfet,

» J'ai l'honneur de vous prier de m'accorder au-
» dience à l'occasion d'un banquet réformiste, pré-
» sidé par M. Boissel, député du 12e arrondissement,
» et de vous entretenir du lieu et du jour où il pour-
» rait avoir lieu et vous fournir les renseignements
» que vous pourrez demander sur le banquet.

» Je vous salue sincèrement,

» *Le commissaire-caissier du banquet*,

» ROINVILLE. »

Le 26 du même mois je reçus de M. le préfet de police une lettre par laquelle il me prévenait qu'il m'accordait audience, le 28 du courant, à midi. Ce jour était celui de l'ouverture des Chambres; j'étais de service; je me rendis à la préfecture en tenue; je fus reçu par le secrétaire du préfet qui me dit que M. le préfet était à la Chambre pour l'ouverture, et que, en sa qualité de secrétaire particulier, il était autorisé à recevoir mes observations.

Notre entretien, de part et d'autre, était officieux; nous discertâmes sur le droit de réunion qui, suivant M. le secrétaire, avait besoin d'autorisation supérieure, confondant le droit d'association avec le droit de réunion, me déclarant que jusqu'à ce jour la tolérance avait seule permis les banquets, qu'il voyait gros comme une montagne de dangers à les tolérer plus longtemps, qu'il ne pensait pas que nous obtiendrions l'autorisation, qu'il désirait savoir aussi si le banquet était radical ou réformiste. Je lui dis que toutes les opinions réformistes étaient admises, quelle qu'en fût la nuance. Il me parla aussi du banquet des Écoles ; je compris qu'il croyait que notre banquet était confondu avec le leur ; je le rassurai sur ce point en lui déclarant que la proposition nous en avait été faite indirectement, mais qu'elle avait été rejetée, les intentions et le but des deux banquets n'étant pas les mêmes.

Je pris congé de M. le secrétaire après qu'il m'eut déclaré qu'il communiquerait à M. le préfet les observations que je lui avais faites, il m'assigna rendez-vous au lendemain 29 pour avoir la réponse.

Je me présentai de nouveau pour connaître les intentions de M. le préfet ; M. le secrétaire me répondit que, l'affaire étant de la plus haute importance, M. le préfet avait cru devoir en référer au ministre, et qu'une réponse définitive me serait donnée le lendemain. M'étant présenté à l'heure indiquée, il me fut répondu que M. le préfet et son secrétaire étaient absents, qu'on ne pouvait pas répondre à ma demande.

La Commission du banquet s'étant rassemblée ce jour-là sous la présidence du citoyen Mary, aujourd'hui adjoint à la mairie du 12e arrondissement ; je crus devoir lui faire connaître la démarche que j'avais faite sous ma seule responsabilité et pour éclairer la Commission sur les mesures qu'elle avait à prendre, car pour moi les réponses officieuses du secrétaire du préfet étaient positives : le banquet ne devait pas avoir lieu. On désapprouva ma conduite. On déclara que l'on était dans la légalité ; que le droit de réunion était écrit dans les lois de 1831 et 1834 ; que le ministre de la justice, M. Persil, avait déclaré : Nous faisons une loi contre les associations et non pas contre les réunions accidentelles et temporaires ; que dès lors l'autorisation n'était pas le moins du monde nécessaire, qu'elle le devenait seulement, si la réunion avait lieu en public ; mais que, dans tout autre cas, l'autorité n'avait pas le droit de s'opposer au banquet.

La question d'opportunité fut ensuite agitée : devait-on faire le banquet de suite ou attendre la discussion de l'adresse? Il fut décidé que le banquet aurait lieu immédiatement dans le plus court délai, qu'une invitation serait faite aux députés de l'opposition du département ; on déclara à la majorité que, quelle que fût la décision que prendraient les députés invités, il était bien entendu que les députés viendraient à nous, et non nous à eux : on verra par la suite les motifs qui ont fait prendre à la Commission une autre détermination.

La Commission fixa le jour du banquet au 19 janvier, à midi, rue Pascal, aux Cordeliers.

Le 9 janvier assemblée générale, présidence du citoyen Mary.

La Commission décide à l'unanimité qu'aucun toast à la royauté ne serait prononcé; une grande discussion s'élève à l'occasion du toast à la souveraineté populaire ou à la souveraineté nationale; après avoir entendu les citoyens Boquet et Bailly pour le toast à la souveraineté populaire, les citoyens Delestre, Duménil et Roinville pour la souveraineté nationale, vu les engagements pris depuis la fondation du banquet envers toutes les opinions réformistes, envers le président, le citoyen Boissel, la priorité sur les deux questions est mise aux voix; il est décidé à la majorité de 12 voix contre 10 qu'un toast à la souveraineté du peuple serait présenté; alors la minorité se lève et déclare qu'elle se retire de la Commission. C'en était fait du banquet et par conséquent de la révolution. Les membres de la minorité de la décision qui venait d'être prise étaient les fondateurs du banquet; les membres les plus actifs, les seuls, en un mot, capables de mener à fin le banquet, se retirant, la dissolution était complète; lorsqu'un membre de la majorité déclara sur l'honneur qu'il n'avait pas bien compris la proposition;

qu'il avait voté pour, par erreur; un autre déclara également avoir mal compris; les membres qui avaient fait adopter le toast à la souveraineté populaire voulurent recommencer l'épreuve; mais la minorité, redevenue la majorité par l'adjonction des deux nouveaux membres qui avaient déclaré avoir mal compris la proposition, déclara qu'elle ne souffrirait pas qu'une telle proposition fût mise aux voix, attendu qu'elle aurait pour but la dissolution du banquet, puisque les députés de l'opposition et le président du banquet lui-même n'avaient accepté qu'à la condition que le banquet serait réformiste, et non démocratique.

Il fut impossible de tomber d'accord, on allait se séparer définitivement sans convocation nouvelle, ce qui équivalait à une dissolution; je regrettais tant de travaux perdus dans l'intérêt de la réforme. Je proposai de remettre la discussion à la prochaine séance, que d'ici là il pourrait naître des événements qui modifieraient les idées des uns et des autres. La proposition fut adoptée le 10 janvier. Poursuivant mon idée que le banquet ordonné pour le 19 du courant serait interdit par le pouvoir, j'écrivis au préfet la lettre suivante :

« Monsieur le préfet,

» J'ai l'honneur de vous prévenir que le banquet » réformiste du 12e arrondissement a été fixé par

» la Commission, rue Pascal, établissement des Cor-
» deliers.

» J'ai l'honneur de vous saluer sincèrement,

» Roinville,
» Commissaire-caissier du banquet.

» *A monsieur le pair de France, conseiller d'État,*
» *préfet de police.*

» 10 janvier 1848. »

A cette lettre j'ai reçu la réponse suivante :

« Cabinet du préfet de police.

» Le préfet de police prie M. Roinville de se ren-
» dre dans son cabinet demain matin, 14 du cou-
» rant, de 11 heures à midi.

» Paris, le 13 janvier 1848.

» En l'absence du préfet, M. Roinville voudrait
» bien demander le chef du cabinet. »

Je me rendis à l'heure indiquée. Je fus reçu par le secrétaire qui m'avait reçu la première fois ; il commença par s'excuser de ne pas m'avoir répondu plus tôt, en rejetant la faute sur le ministre qui avait attendu jusqu'au 13 du courant ; il me déclara alors qu'un refus formel avait été dénoncé par le ministre.

Je déclarai que, n'ayant pas reçu de mission expresse de la Commission, je désirais avoir la décision ministérielle ou préfectorale par écrit; il me fut répondu qu'une sommation me serait faite dans une heure, qu'un commissaire chargé des délégations judiciaires se présenterait chez moi. Je promis de m'y trouver, et une heure après je recevais la sommation suivante :

« Nous, Joseph-Gabriel Collomb, commissaire de
» police de la ville de Paris, spécialement chargé des
» délégations judiciaires; vu les ordres de M. le
» pair de France, préfet de police, en date de ce
» jour :

» Notifions au sieur Roinville, demeurant rue de
» la Montagne-Sainte-Geneviève, 29, à Paris, pre-
» nant la qualité de commissaire et caissier du ban-
» quet dit réformiste du 12e arrondissement de Pa-
» ris, que M. le préfet de police n'accorde point
» l'autorisation qu'il a sollicitée pour un banquet
» qui devrait avoir lieu le 19 courant, d'après un
» avis qu'il a donné le 10 de ce mois, dans un lo-
» cal situé rue Pascal, aux Cordelières, et qu'il en-
» tend s'opposer formellement à ce que le banquet
» ait lieu. »

Je ne m'étais donc pas trompé dans mes prévisions; j'avais vu dans tous mes rapports, comme caissier et membre du conseil d'exécution, avec les commissaires du banquet des Écoles, les refus d'un grand nombre de propriétaires de nous louer leur local sans une autorisation de la police, qui nous suivait à chaque pas et qui intimidait tous ceux qui désiraient nous louer. J'avais vu par là que le banquet n'aurait pas lieu sans la volonté du pouvoir.

Le 14 était le jour fixé pour notre réunion. A l'ouverture de la séance, je donnai connaissance de la notification du préfet de police. Ce fut un cri d'indignation parmi nous. Interdire le banquet sans autre droit que le bon plaisir; faire de la répression préventive à propos d'un délit qui n'est point encore commis, mais à propos d'un droit que les citoyens veulent exercer!

Réponse nette et remarquable des commissaires du banquet :

« Vu la sommation de M. le préfet de police;

» La Commission du banquet réformiste du 12e
» arrondissement s'est réunie, et considérant qu'en
» fait nulle autorisation n'a été sollicitée; que M. le
» préfet a bien voulu confondre une déclaration pure
» et simple du lieu et du jour du banquet avec une
» demande en autorisation qu'on n'avait ni à de-
» mander, ni à refuser; s'appuyant sur les lois de
» 1831 et 1834, qui ne prohibent point les réunions
» accidentelles, sur les déclarations formelles de
» l'orateur du gouvernement dans la discussion de

» ces lois, sur le récent arrêt de la Cour de cassation,
» sur la pratique constante du gouvernement, et
» sur la reconnaissance formelle du caractère légal
» des banquets faite dans l'adresse de la chambre des
» pairs; la Commission décide à l'unanimité qu'elle
» regarde la sommation de M. le préfet de police
» comme un acte de pur arbitraire et de nul effet.

» Pour la commission du banquet, le comité exécutif :

» GOBERT, ROINVILLE, *caissier*, BOQUET, *secrétaire.* »

Il était donc bien entendu, les citoyens du 12e arrondissement ne pouvaient point se réunir le 19 pour faire leur banquet sous la protection des lois. M. le préfet de police entendait s'y opposer formellement, c'est-à-dire, au besoin, par l'intervention de la force armée. Il violait par là un droit solennellement reconnu par le pouvoir législatif et précédemment exercé par des citoyens; mais qu'importe, il voulait empêcher un banquet réformiste au sein de la capitale.

Notre droit était incontestable, il n'était même pas contesté dans la sommation du préfet de police.

Le 18 janvier, M. d'Alton-Shée, pair de France, adressa à M. le ministre de l'intérieur les questions suivantes :

Le gouvernement reconnaît-il aux citoyens le droit de se réunir dans des banquets politiques? est-il armé par les lois du pouvoir d'empêcher ces banquets? les soixante-dix banquets ont-ils eu lieu par tolérance seulement?

M. Duchâtel, ministre de l'intérieur, répond que le gouvernement a le droit d'empêcher ou d'autoriser les banquets politiques; il tient ce droit des lois de police et entre autres la loi de 1790; le gouvernement a usé de ce droit, non-seulement cette année, mais à plusieurs reprises et notamment en 1841. Si les banquets ont eu lieu cette année, c'est que le gouvernement les a tolérés; quant au banquet du 12e arrondissement, c'est par son ordre que M. le préfet de police a refusé de l'autoriser, parce qu'il a cru qu'il offrirait des inconvénients de plus d'un genre.

Le même jour, M. de Boissy déclare qu'il n'a point assisté aux banquets politiques, pas plus à celui de Lisieux, qui a commencé la série des banquets, qu'à celui de Rouen, qui est venu la clore. A ce dernier banquet, sur 1,800 convives il y avait 1,500 électeurs: cela prouve, disait-il, que l'opinion réformiste fait des progrès rapides, je vois de la part du ministère un refus absolu de réformes, ce refus est gros d'une révolution. Il disait vrai malgré les rumeurs de la majorité.

J'ai dit plus haut que les opinions diverses dont se composait la commission, qui avait déclaré ne connaître que des réformateurs, et non telle ou telle nuance, avaient failli faire avorter notre banquet, notamment la discussion sur les toasts, la nomination d'un président, l'admission au banquet du citoyen Ledru-Rollin, qui se trouvait en mésintelligence avec ses collègues de la chambre, dont un certain nombre avait déclaré qu'il n'assisterait pas au banquet, si le citoyen Ledru-Rollin en faisait partie. Les démocrates exaltés voulaient qu'il y soit quand même, les légitimistes les appuyaient, l'opposition dynastique et les démocrates modérés préféraient que quatre-vingts députés assistassent au banquet plutôt qu'un seul; et ici je rendrai justice au citoyen Ledru-Rollin, lorsque je fus chargé avec dix autres commissaires de l'inviter d'assister au banquet, il fut le premier à nous dire : Ne craignez-vous pas que, si je viens au banquet, messieurs les députés de l'opposition n'y viennent pas? Il disait juste, déjà la déclaration en avait été faite, la politesse et l'usage ne permettaient pas de le lui avouer; mais il nous conseilla, si nous rencontrions de leur part de l'opposition, comme cela n'était pas un doute pour lui, de l'en prévenir, de ne pas craindre de l'offenser. Je suis très-flatté de l'honneur que vous me faites, mais il est préférable que quatre-vingts députés assistent à votre banquet plutôt qu'un seul. Et l'homme que l'on a cru devoir incriminer depuis qu'il est au pouvoir comme terroriste ajouta : Je vous conseille aussi de prendre avec la plus grande précaution les mesures de sûreté pour maintenir l'ordre dans l'intérieur du banquet, de n'autoriser aucun toast républicain ni légitimiste, de vous maintenir dans la légalité, attendu que le pouvoir ne serait pas fâché que des désordres survinssent, ce qui le servirait admirablement, étant décidé, disait-il, à faire de la violence pour se fortifier, la légalité étant contraire à son existence.

La nomination du président du banquet par la commission avait occasionné de grands débats parmi nous. Pour concilier toutes les opinions, on avait proposé le citoyen F. Arago, dont les talents et la réputation inspiraient le respect et la confiance; le citoyen Delestre avait été chargé de le prévenir qu'une députation de la Commission devait venir l'inviter à accepter la présidence du banquet. Dans le compte qu'il rendit de sa mission, il nous déclara que le citoyen F. Arago était malade, qu'il avait obtenu un congé du ministre de la guerre pour le dispenser d'aller examiner l'École d'Artillerie à Metz, qu'il n'accepterait pas la présidence, tout en nous remerciant de l'honneur que nous voulions bien lui faire.

On avait donc décidé que la présidence serait offerte au citoyen Boissel, député de l'arrondissement, et la vice-présidence au citoyen Popinel, lieutenant-colonel de la 12e légion. La Commission chargea quatre membres, MM. Barbet, Dheurlle, Gobert et Roinville, de consulter MM. les députés Garnier-Pagès, Odillon-Barrot et Duvergier de Hauranne pour avoir leurs avis sur les difficultés suscitées par le ministère, les inviter à venir au banquet, et prendre le jour qu'ils jugeraient convenable d'adopter pour l'exécution.

Le premier chez qui nous nous présentâmes fut M. Garnier-Pagès. Il accepta notre invitation en la subordonnant à la condition de s'entendre avec ses collègues, afin d'y venir ensemble et le plus possible. Il nous conseilla, sauf meilleurs avis, d'attendre la fin du vote de l'adresse par la chambre des députés, attendu que MM. les députés se devaient à leurs travaux de la chambre, dont la tribune était assez élevée pour soutenir le droit de réunion. Il nous dit que, du reste, il ferait comme ses collègues.

Nous allâmes ensuite chez M. Odillon-Barrot, qui nous tint à peu près le même langage : Attendons, nous dit-il, la fin de la discussion de l'adresse et nous recommencerons d'agiter le pays si nous n'obtenons pas de la majorité les réformes que nous demandons. Quant au ministère, il est décidé à faire de la violence ; on n'obtiendra rien de lui.

Nous n'avons pas fait les banquets pour persuader les ministres ; mais nous avons agité le pays pour éclairer la majorité ; si nous n'y réussissons pas, nous continuerons après la session.

La Commission, sur l'avis des députés, fixa l'époque du banquet après le vote de l'adresse. Le 6 février M. Duvergier de Hauranne prononça à la chambre des députés un discours sur le droit des banquets. Il soutint avec énergie que la loi de 1790, exhumée par le ministère, n'était pas applicable aux réunions temporaires; que la loi de 1834 l'avait formellement reconnu, que si le gouvernement voulait le confisquer à son profit, qu'il était prêt à s'associer à toute tentative qui aurait pour but de faire prévaloir la liberté légale sur l'arbitraire. A ces nobles paroles se sont écriés plus de cent députés de l'opposition : Et nous aussi.

— La séance du 7 février fut encore plus orageuse, et le gouvernement se montra résolu à confisquer la liberté de réunion : on croit déjà entendre gronder la révolution en entendant les paroles imprudentes de M. Duchâtel : Le gouvernement ne cèdera pas, disait-il; nous avons, en vertu de la loi de 90, le droit d'interdire les réunions dans les lieux privés ou publics. C'est encore une grande question aujourd'hui pour bien du monde de savoir si la demande de réformes par l'opposition était sincère, si elle ne cachait pas des vues intéressées : le changement de ministère, par exemple; pour les démocrates, cela n'a jamais fait de doute; il suffirait pour s'en convaincre de se rappeler que le chef de l'opposition dynastique, M. Odilon-Barrot, n'admettait dans la réforme électorale que l'adjonction des capacités : bien petite réforme!

Mais une preuve bien plus frappante, c'est que, lorsque l'opinion publique manifesta le vœu sérieux des réformes, l'opposition aurait voulu retenir l'élan national, en cherchant un faux-fuyant pour en sortir ; la démocratie précipita le mouvement, et tout fut emporté, opposition et royauté.

Dans le cours de la discussion, un député ayant déclaré qu'il assisterait au banquet : Nous y assisterons tous, avait répondu l'opposition. Nous redoublâmes de zèle pour faire nos invitations, aucune réponse définitive ne nous était donnée, il fallait pourtant prendre une détermination qui fût en rapport avec la conduite tenue à la Chambre et les conseils donnés à la Commission du banquet : il n'y avait plus d'alternative.

Le Comité central des élections fut chargé par les membres de l'opposition de régler avec la Commission du banquet l'ordre et les conditions que l'on exigeait pour accepter les invitations faites aux députés ; plusieurs membres du Comité vinrent à nos réunions pour s'entendre à ce sujet, et il fut décidé que la Commission nommerait trois membres qui se réuniraient à la Commission centrale des élections pour en arrêter définitivement l'ordre et le programme.

Le lecteur se rappellera que le banquet avait été fixé à 3 francs par tête, qu'il devait avoir lieu rue Pascal, établissement des Cordelières. Les membres invités étaient électeurs ou gardes nationaux.

Le 15 février, les trois citoyens délégués par la

Commission du banquet réunis au Comité central de la réforme électorale, plusieurs députés et pairs de France convoqués chez M. Odilon-Barrot, au nombre d'environ trente personnes, délibérèrent sur les conditions dont devait dépendre l'acceptation ou le refus d'assister au banquet du 12e arrondissement.

La majórité voulait que le prix soit de 12 fr. par tête, que nul ne soit admis s'il n'était électeur, et qu'il n'eût pas lieu dans le 12e arrondissement.

Le citoyen Pagnerre, secrétaire du Comité central, soutint avec chaleur cette prétention, qui n'était ni plus ni moins que la désorganisation du banquet, et ce ne fut pas sa faute s'il fut décidé que le banquet aurait lieu. Nous déclarons sans crainte et nous prouverons, au besoin, qu'il a fait tout ce qu'il est humainement possible de faire pour l'empêcher de réussir. Sans le banquet, serait-il secrétaire du gouvernement et représentant à l'Assemblée nationale?

Après uue grande discussion et par l'heureuse intervention de M. Dalton-Shée, pair de France, il fut décidé que le banquet serait fixé à 6 fr. par tête au lieu de 3 francs, que nul ne serait admis s'il n'était électeur, que la liste des souscripteurs serait remise au Comité central pour en faire la vérification, que le banquet n'aurait pas lieu dans le 12e arrondissement, mais qu'il en conserverait le nom, qu'un local serait cherché ultérieurement.

Il est évident que l'opposition reculait devant l'accomplissement du banquet, qu'elle aurait désiré que cette proposition ne fût pas acceptée; l'agitation toujours croissante du pays et de Paris en particulier lui faisait craindre les effets de la démonstration, elle louvoyait pour faire comme elle a fait au dernier jour, et fort heureusement toutes les précautions de méfiance qu'elle a prises ont amené les journées des 22, 23 et 24 février.

Mais la Commission du banquet n'était pas aveugle, elle voyait tout et, au risque de mécontenter les premiers souscripteurs, elle accepta toutes les conditions bien dures pour elle qui avait déclaré solennellement qu'elle n'irait pas à l'opposition, mais que l'opposition viendrait à elle; les députés de l'opposition s'étaient avancés, ils ne voulaient pas avoir l'air de reculer, tout en cherchant l'occasion; la commission les comprit et accepta tout pour les compromettre.

Le 16 février, les trois commissaires délégués près le comité central des élections rendent compte de leur mission et déclarent que les députés n'accepteront l'invitation que si nous acceptons nous-mêmes leurs propositions.

Un tel changement, survenu tout à coup, surprit la Commission, qui n'était pas préparée à une pareille ouverture; on combattit la proposition, on voulait faire le banquet dans le 12e arrondissement et se passer d'eux ; on déclara même qu'ils n'oseraient pas n'y point venir ; mais le citoyen Dalton-Shée et quelques commissaires parvinrent à déterminer la majorité de la Commission à accepter la proposition des députés, et aujourd'hui nous reconnaissons qu'en n'acceptant pas, le banquet n'aurait pas produit l'effet qui en est résulté.

La majorité ayant accepté, restaient les difficultés à vaincre provenant de la première question ; 900 cartes avaient été données à des citoyens dont plus de 600 n'étaient pas électeurs. En ma qualité de caissier, j'avais fait valoir cette considération, dont on n'avait pas tenu compte en passant outre ; je faisais partie de la minorité qui voulait que le banquet ne sortît pas de l'arrondissement, que le prix n'en fût pas changé.

Je disais que l'on avait à craindre pour l'ordre et le respect dus à la personne des députés, qu'il serait possible qu'ils soient insultés dans le trajet à parcourir pour se rendre à la cérémonie, comme ayant méprisé les prolétaires qui avaient précédemment souscrit à 3 fr., et à qui ils refusaient même de donner des cartes à 6 fr., à moins de prouver qu'ils étaient électeurs.

Ce banquet n'était plus le banquet du 12e arrondissement, il n'en avait plus que le nom. Je m'étais trop avancé pour me prêter à jouer une comédie au profit de l'opposition. Je donnai ma démission de commissaire-caissier, qui fut suivie de plusieurs autres.

Le 18 février la nouvelle commission exécutive, composée des membres du Comité central électoral et des trois délégués du banquet, s'occupa de l'organisation du nouveau banquet; une annonce dans les journaux de la capitale prévenait les souscripteurs que tout était changé, que les cartes jusqu'à présent délivrées ont été annulées. Les souscripteurs devaient se présenter chez les commissaires qui leur avaient remis ces cartes pour les échanger contre des billets nouveaux à 6 fr. au lieu de 3 fr., prix des premiers. L'indignation fut à son comble, des menaces furent faites contre les auteurs du changement. Plus de 600 cartes sur 900 furent rapportées; 300 seulement prirent de nouveaux billets. Le banquet n'ayant pas eu lieu, MM. les députés n'ont pas été insultés par les mécontents qui les avaient fortement menacés.

Les conventions du banquet une fois faites au gré de l'opposition, les journaux du 19 février annoncèrent que les députés réunis le 18 au matin chez M. Odilon-Barrot, après avoir entendu le rapport de sa Commission, avaient résolu à l'unanimité qu'ils protesteraient par un acte de résistance légale contre une mesure contraire aux principes de la constitution, et se rendraient en corps, le mardi 22, au lieu de la réunion.

Lettre adressée par les députés de l'opposition à la Commission du banquet du 12e arrondissement, en réponse à l'invitation collective qu'ils avaient reçue :

A MM. les président et membres de la commission du banquet du 12e arrondissement.

» Paris, 18 février 1848.

» Nous avons reçu l'invitation que vous nous avez » fait l'honneur de nous adresser pour le banquet » du 12e arrondissement.

» Le droit de réunion politique sans autorisation » préalable ayant été nié par le ministère dans la » discussion de l'adresse, nous voyons dans ce ban- » quet le moyen de maintenir ce droit constitutionnel » contre les prétentions de l'arbitraire, et de le faire » consacrer définitivement.

» Nous regardons dès lors comme un devoir im- » périeux de nous joindre à la manifestation légale » et pacifique que vous préparez, et d'accepter vo- » tre invitation.

» Agréez, messieurs, l'assurance de notre haute » considération.

» Abbatucci, Demarçay, Lafayette (Georges). »

Si cette résolution honorable, signée par 90 députés, eût été suivie d'effet, une gloire immortelle les couvrirait, et la République, au lieu d'accorder sa confiance à quelques uns d'entre eux, les eût appelés aux premiers emplois auxquels, je crois, ils n'arriveront jamais.

On a vu, par le récit que je viens de faire, que l'opposition s'est emparée de la direction du banquet, en a réglé la marche à sa convenance, puis s'est fait inviter par elle-même et a accepté l'invitation qu'elle s'était fait faire par un procédé qui couvrait les apparences. Si cela n'est pas de la comédie, je ne m'y connais pas.

Je dois dire que tous les députés qui ont signé l'acceptation de se joindre à la manifestation ne connaissaient pas ce qui se passait dans les coulisses, c'est la Commission d'organisation du banquet des Champs-Élysées qui pourrait dire d'où elle tirait ses inspirations.

Le 21 février, veille de la grande et solennelle manifestation qui devait avoir lieu, le ministère, qui avait promis que la question du droit de réunion serait portée, pour être jugée, devant les tribunaux, substitua la menace d'appliquer la loi sur les rassemblements, en réservant, par une odieuse hypocrisie, la vie sauve aux convives et aux députés. Le peuple seul est menacé de sa colère!

Cependant M. Odillon-Barrot soutient encore à la chambre le droit de réunion. Le ministre Duchâtel menace, prétendant qu'un gouvernement s'est établi à côté du gouvernement, en convoquant la garde nationale. Ce n'est plus une question de droit qui est posée, c'est une question de guerre. Le ministre compte sur l'armée et engage l'existence de la royauté.

Paris s'agite pour la grande démonstration. Tout le monde veut assister au banquet; je suis accablé, moi et les autres commissaires chargés de distribuer ou de changer les cartes, de demandes nouvelles. Les discussions à la chambre sont connues, on les brave; on méprise les menaces du ministère. Le défi a lieu des deux côtés, le ministre a jeté le gand, le peuple le ramasse, la lutte est engagée. Le ministère s'en doute, l'opposition n'y croit pas, ou a peur de collisions sanglantes.

Six heures du soir. — Une convocation avait été faite chez M. Odillon-Barrot, pour s'entendre sur les dernières mesures à prendre; la déclaration du ministère ne laissait plus de doute sur ses intentions d'intervenir par la force.

La déclaration faite par les députés d'assister à la réunion, de résister à la puissance des baïonnettes, était connue de tout Paris; tout le monde s'attendait à voir un grand drame pour le lendemain, lorsque tout à coup le ministère fait afficher dans Paris, 1° la réunion et le banquet du douzième arrondissement sont interdits; 2° le présent arrêté sera notifié à qui de droit; 3° toutes mesures seront prises pour assurer l'exécution du présent arrêté. Les trois commissaires, s'étant rendus à l'heure indiquée chez M. Odilon-Barrot, trouvèrent la famille du député dans la plus grande désolation, lui-même éprouvait un combat qui, en faisant refluer son sang vers le cœur, rendait sa physionomie semblable à la mort, où sans doute s'agitait la grande question de prendre une détermination.

La réunion, qui devait avoir lieu à six heures, avait été remise à neuf heures. Les commissaires voulurent se retirer; mais M. Odillon-Barrot venait de prendre la détermination qui fut adoptée plus tard par l'Assemblée des députés de l'opposition réunis chez lui le soir même.

Il parla ainsi aux commissaires : Le ministère s'oppose à la réunion et au banquet, et Duchâtel m'a déclaré que ma qualité de député ne me couvrirait pas, que si j'allais avec mes jambes au banquet, vingt pièces de canon me feraient retourner sans bras ni jambes. A ces paroles prononcées avec l'accent d'une détermination prise et bien fermement arrêtée, les commissaires du banquet répondirent : Mais c'est une trahison dont le peuple fera justice; vous avez agité, monté l'esprit du peuple, il vous attend, il compte sur vous pour maintenir et soutenir ses droits; c'est une lâcheté dont il fera justice, il ira sans vous, et malheur à vous s'il triomphe; car il vous entraînera, vous et la royauté. Ces paroles prophétiques, qui se sont réalisées, ont été prononcées par un commissaire. La parole d'un homme du peuple était la parole de Dieu.

A ces mots prononcés avec l'accent de la conviction et même de la colère et de l'indignation, M. Odillon-Barrot, la tête dans ses mains, dans l'action du désespoir, s'écria : Cela n'est pas possible, le peuple n'ira pas, vous vous trompez, des mesures seront prises pour éviter un pareil malheur. On se sépara sur des impressions qui, de part et d'autre, n'étaient pas les mêmes, pour se réunir à neuf heures du soir.

A l'heure indiquée, les députés réunis chez M. Odillon-Barrot, en présence des commissaires du banquet, dont la faible voix n'était pas écoutée, trop de dangers menaçant des têtes illustres présentes à la délibération, on décida à la majorité qu'assister au banquet serait s'exposer à des collisions sanglantes en persistant à faire contre la force une démonstration collective, que le patriotisme et l'humanité commandaient également d'éviter de pareilles extrémités.

Cette décision prise par la peur des dangers personnels, colorée par un soi-disant sentiment d'humanité, fut-elle adoptée par le peuple? Non, mille fois non, le peuple ne voulut pas reculer devant l'œuvre de vaincre pour la liberté ou de périr.

Nous dirons pour être juste, que la décision prise par les députés ne fut pas unanime et que plusieurs d'entre eux, notamment le général de Courtais, déclara confidentiellement à un des commissaires, que si la démonstration avait lieu, dût-il périr qu'il s'y trouverait.

Les commissaires du banquet se retirèrent, non sans avoir protesté contre la lâcheté d'une pareille décision, en laissant messieurs les députés se consoler de leur défaite en dressant l'acte dérisoire d'accusation contre les ministres coupables. Il est vrai que la nation seule a le droit d'accuser ; mais le peuple, mais la garde nationale, les étudiants ne ratifièrent pas la trahison des députés, car malgré les affiches du gouvernement, l'une du général Jacqueminot à la garde nationale et l'autre du préfet de police aux habitants de Paris, s'autorisant de la loi sur les attroupements et de la loi de 1831 sur les gardes nationales, et un arrêté qui interdisait le banquet que l'on voulait bien encore autoriser la veille, jusqu'à minuit nous n'avons pas cessé de délivrer des billets, tout en prévenant que le banquet était interdit par ordre de la police.

O grands hommes, que vous êtes quelquefois petits, que vos vues sont courtes, pour ne pas voir ici-bas ce qui s'y passe ! cela tient à la distance que vous vous efforcez à mettre entre vous et nous.

On n'a jamais compris pourquoi les députés de

l'opposition n'avaient pas en masse donné leur démission; c'est, nous pouvons l'affirmer, car cela nous a été dit par beaucoup d'entre ces messieurs, c'est la crainte de ne pas être réélus à la chambre. Quand les destinées d'un pays ou la liberté tiennent à de pareilles considérations, il ne faut plus compter que sur un appel à la nation, pour sauver la liberté.

Les commissaires du banquet, qui avaient cédé leurs droits à la direction du banquet, étaient assemblés dans leurs arrondissements, attendant avec anxiété la décision des députés. A minuit, arrivèrent les trois commissaires délégués à la réunion chez M. Odilon Barrot, et ils annoncèrent la décision prise par eux.

Après avoir entendu les commissaires délégués et divers orateurs, la Commission décide que le banquet du 12e arrondissement est ajourné, que communication sera donnée aux trois comités des écoles, restés en permanence pour connaître le parti que prendrait la Commission du banquet. A la nouvelle de la décision prise par les députés, il fut déclaré, dans un des trois comités, qui tous avaient des rapports entre eux, que, si la démonstration n'avait pas lieu par la Commission et les députés, elle aurait lieu par les écoles; et, en effet, le 22, à dix heures du matin, le comité, qui avait pris à quatre heures du matin la décision de faire la démonstration, et qui n'avait pas pu la communiquer vu l'heure avancée de la nuit, s'assembla sur la place du Panthéon. Quelques ouvriers sans ouvrage, ou amenés par l'intention de prendre part à la manifestation, se trouvaient présents. A onze heures, ne voyant pas arriver un plus grand nombre de citoyens, un peloton de dragons étant venu prendre position sur le derrière de la place, le rassemblement, qui n'était pas de deux cents hommes en partant, arriva au Pont-Neuf au nombre d'environ dix mille hommes, et, en arrivant à la place de la Madeleine, on en pouvait compter cinquante mille. La part prise par les écoles est immense, et pour moi, qui ai eu avec les commissaires de fréquents rapports, attendu que leur banquet devait avoir lieu après le nôtre dans le même local, je déclare que, sans les écoles, dont la jeunesse et le bouillant courage ont soutenu et commencé la lutte, la révolution serait encore à faire. Écrivez donc l'histoire, grands écrivains, et faites remonter à des siècles les révolutions qu'un banquet ou une décision de courageux étudiants peut déterminer, quand le peuple est préparé à la lutte pour défendre les libertés qu'un pouvoir réactionnaire détruit chaque jour : là est le grand secret de la révolution de Février !

Le 28 mai 1848.

LEPELLETIER ROINVILLE,
Menuisier.

www.ingramcontent.com/pod-product-compliance
Lightning Source LLC
LaVergne TN
LVHW020251230826
846091LV00006B/2347
* 9 7 8 2 0 1 2 9 3 4 2 6 9 *